¡Es Cinco de Mayo!

por Richard Sebra

BUMBA BOOKS™
en español

EDICIONES LERNER ◆ MINEÁPOLIS

Muchas gracias a José Becerra-Cárdenas, maestro de segundo grado en Little Canada Elementary, por revisar este libro.

Nota a los educadores:

A través de este libro encontrarán preguntas para el pensamiento crítico. Estas preguntas pueden utilizarse para hacer que los lectores jóvenes piensen críticamente del tema con la ayuda del texto y las imágenes.

Traducción al español: copyright © 2019 por Lerner Publishing Group, Inc.
Título original: *It's Cinco de Mayo!*
Texto: copyright © 2017 por Lerner Publishing Group, Inc.

La traducción al español fue realizada por Giessi Lopez.

ediciones Lerner
Una división de Lerner Publishing Group, Inc.
241 First Avenue North
Mineápolis, MN 55401, EE. UU.

Si desea averiguar acerca de niveles de lectura y para obtener más información, favor consultar este título en www.lernerbooks.com

Library of Congress Cataloging-in-Publication Data

Names: Sebra, Richard, 1984– author.
Title: ¡Es Cinco de mayo! / por Richard Sebra.
Other titles: It's Cinco de Mayo! Spanish
Description: Minneapolis : Ediciones Lerner, 2018. | Series: Bumba books en español. ¡Es una fiesta! | Includes bibliographical references and index. | Audience: Age 4–7. | Audience: K to grade 3.
Identifiers: LCCN 2017053126 (print) | LCCN 2017056161 (ebook) | ISBN 9781541507876 (eb pdf) | ISBN 9781541503458 (lb : alk. paper) | ISBN 9781541526594 (pb : alk. paper)
Subjects: LCSH: Cinco de Mayo (Mexican holiday)—Juvenile literature.
Classification: LCC F1233 (ebook) | LCC F1233 .S4318 2018 (print) | DDC 394.262—dc23

LC record available at https://lccn.loc.gov/2017053126

Fabricado en los Estados Unidos de América
1-43840-33673-12/22/2017

LERNER
e
SOURCE

Expand learning beyond the printed book. Download free, complementary educational resources for this book from our website, www.lerneresource.com.

Tabla de contenido

Cinco de Mayo

El Cinco de Mayo es una fiesta.

Ese es su nombre en español.

El 5 de mayo es la fecha en

que se celebra.

Es una fiesta mexicana.

La gente en México

lo celebra.

Las personas en Estados

Unidos también lo celebran.

El Cinco de Mayo conmemora

una batalla.

El 5 de mayo de 1862 México

ganó una gran batalla.

El Cinco de Mayo es un día para honrar a la cultura mexicana. La gente come comida mexicana. Comemos tacos.

¿Cuáles son otras comidas mexicanas?

11

Hay desfiles.

Muchas personas

observan los desfiles.

¿Por qué crees que hay desfiles en las fiestas?

Las personas tocan música.

Los mariachis tocan música.

La gente también baila.
Los bailarines bailan bailes
típicos mexicanos.

Muchos bailarines se visten con

ropas mexicanas.

Las mujeres se ponen vestidos.

Los vestidos son muy coloridos.

El Cinco de Mayo es un día para honrar a México.

¿Cómo celebras el Cinco de Mayo?

Símbolos del Cinco de Mayo

bandera mexicana

vestido mexicano

sombrero

taco

maracas

Glosario de imágenes

batalla

una lucha entre dos ejércitos

cultura

las ideas, costumbres y tradiciones de un grupo de personas

honrar

cuando una persona o fiesta exalta o celebra algo

mariachis

grupos de músicos que tocan juntos

Índice

Leer más

Bullard, Lisa. *Marco's Cinco de Mayo.* Minneapolis: Millbrook Press, 2012.

Gleisner, Jenna Lee. *We Celebrate Cinco de Mayo in Spring.* Ann Arbor, MI: Cherry Lake Publishing, 2014.

Sebra, Richard. *It's Diwali!* Minneapolis: Lerner Publications, 2017.

Agradecimientos de imágenes

Las imágenes en este libro son utilizadas con el permiso de: © miker/Shutterstock.com, página 5; © Tokarsky/iStock.com, páginas 6–7; © World History Archive/Alamy Stock Photo, páginas 9, 23 (arriba a la derecha); © Joshua Resnick/Dreamstime.com, páginas 10–11, 23 (abajo a la izquierda); © Larry Wilmot/Dreamstime.com, páginas 12–13; © Doug Berry/iStock.com, páginas 14, 23 (arriba a la izquierda); © valentinrussanov/iStock.com, página 17; © Anna Bryukhanova/iStock.com, página 18; © AbimelecOlan/iStock.com, páginas 21, 23 (abajo a la derecha); © Stefano carniccio/Shutterstock.com, página 22 (arriba a la izquierda); © Leon Rafael/Shutterstock.com, página 22 (arriba a la derecha); © Dja65/Shutterstock.com, página 22 (enmedio); © Discovod/Shutterstock.com, página 22 (abajo a la izquierda); © ImagePixel/Shutterstock.com, página 22 (abajo a la derecha).

Portada: AbimelecOlan/iStock.com.